A ESSÊNCIA DO BUDISMO
佛教的真諦

**Venerável Mestre
Hsing Yün**

A ESSÊNCIA DO BUDISMO

佛教的真諦

2ª edição
revisada e ampliada

Tradução
Thalysia de Matos Peixoto Kleinert

São Paulo, 2013

Título original: THE ESSENCE OF BUDDHISM

Copyright do texto em português © 1999 Templo Zu Lai e Associação Internacional Luz de Buda (Blia)
Copyright da edição © 2013 Escrituras Editora

5ª reimpressão da 1ª edição: novembro/2004
2ª edição: outubro/2011
1ª reimpressão da 2ª edição: novembro/2013

Todos os direitos desta edição foram reservados à
Escrituras Editora e Distribuidora de Livros Ltda.
Rua Maestro Callia, 123 – Vila Mariana
São Paulo, SP – 04012-100
Tel.: (11) 5904-4499/Fax: (11) 5904-4495
escrituras@escrituras.com.br
www.escrituras.com.br

Diretor editorial
Raimundo Gadelha

Coordenação editorial
Mariana Cardoso

Assistente editorial
Ravi Macario

Revisão da tradução
Lúcia de Sousa Porto Gilioli e Moacir Mazzariol Soares

Edição de texto e revisão de provas
Carolina Ferraz e Jonas Pinheiro

Capa e projeto gráfico
Ronaldo Barsotti/Ponto & Linha

Diagramação
Felipe Bonifácio

Impressão
Graphium

Dados Internacionais de Catalogação na Publicação (CIP)
(Câmera Brasileira do Livro, SP, Brasil)

A Essência do Budismo / Hsing Yün; tradução Thalysia
de Matos Peixoto Kleinert. – 2. ed. rev. e ampl. –
São Paulo: Escrituras Editora, 2011.

Título original: The essence of Buddhism.
ISBN: 978.85.7531-412-8

1. Budismo 2. Budismo – Filosofia I. Yün, Hsing

11-08108   CDD–294.34

Índice para Catálogo Sistemático:
1. Budismo: Ensinamentos 294.34
2. Budismo: Filosofia 294.34

Impresso no Brasil
Printed in Brazil

Obra em conformidade com o Acordo
Ortográfico da Língua Portuguesa

Amigos Estudantes,

Estou muito feliz por ter tido esta oportunidade de vir aqui para conversar com vocês. Nosso tópico de hoje será a "Essência do Budismo", no qual essência significa a verdade que é o ensinamento fundamental. Algumas vezes dizemos que a doutrina dos Três Selos do Darma (Três Características da Existência) é a essência do budismo, ou que a Gênese Condicionada é a essência dele. Outras vezes dizemos ser *Shunyata* (vazio) ou as Quatro Nobres Verdades, a essência do budismo. O que constitui, então, a essência do budismo? Na verdade, todos estes conceitos formam as verdades fundamentais, ou, a essência do budismo.

Depois da iluminação do Buda, seu primeiro discurso, proferido em Isipatana (a moderna Sarnath), perto de Benares (a moderna Varanasi), foi sobre as Quatro Nobres Verdades. É o famoso "Primeiro Giro da Roda do Darma" da história do budismo.

No budismo, aqueles que alcançaram a iluminação ouvindo e aprendendo as Quatro Nobres Verdades e o Princípio da Gênese Condicionada são chamados de *shravakas*. Geralmente temos a impressão de que os *shravakas* se importam apenas com a autoiluminação e, como os *shravakas* enfatizam e praticam as Quatro Nobres Verdades, nos equivocamos considerando que, também elas, só dizem respeito à autoiluminação. Na realidade, as Quatro Nobres Verdades são a verdade fundamental do budismo, tendo sido compreendidas, experimentadas e ensinadas pelo próprio Buda. De acordo com os ensinamentos do Buda, a verdade natural da vida e do universo nada mais é do que as Quatro Nobres Verdades: o Sofrimento, a Origem do Sofrimento, a Cessação do Sofrimento e o Caminho que leva à Cessação do Sofrimento (O Nobre Caminho Óctuplo).

As Quatro Nobres Verdades constituem a fundação do budismo, das quais derivam todas as escrituras budistas. Até o *Sutra Avatamsaka*, uma escritura maaiana, tem um capítulo dedicado especialmente às Quatro Nobres Verdades. Assim, todos os budistas deveriam conhecer os ensinamentos fundamentais das Quatro Nobres Verdades.

A palavra "Verdades", nas Quatro Nobres Verdades traz em si o significado de investigação e realidade. A Primeira Nobre Verdade é a do Sofrimento, que é ver, com sabedoria, que os Três Mundos são como uma casa que arde cheia de sofrimento, onde falta a felicidade. A Segunda Nobre Verdade é a da Origem do Sofrimento, que é perceber, por meio da sabedoria, que as aflições provocadas pela cobiça, pela raiva e pela ignorância são as causas do nascimento, da morte e do sofrimento. A Terceira Nobre Verdade é a da Cessação do Sofrimento, que nos mostra como alcançar a verdadeira natureza do Nirvana por meio da sabedoria. A Quarta Nobre Verdade é a do Caminho que leva à Cessação do Sofrimento, o Nobre Caminho Óctuplo, pelo qual podemos encontrar o meio de transcender o mundo do sofrimento e atingir a verdadeira felicidade.

A Verdade do Sofrimento e a Verdade da Origem do Sofrimento falam da causa e efeito que levam ao estado de ilusão nesta existência mundana. A Verdade da Cessação do Sofrimento e a Verdade do Caminho que leva à Cessação do Sofrimento, ou o Nobre Caminho Óctuplo, referem-se a causas e efeitos que levam ao estado de iluminação no mundo transcendental. O Nobre Caminho Óctuplo é a causa e, se for praticado, levará ao efeito – a cessação do sofrimento. A seguir descreverei os componentes das Quatro Nobres Verdades em suas respectivas ordens.

SUMÁRIO

PREFÁCIO *11*

I. A PRIMEIRA NOBRE VERDADE *13*
  A Verdade do Sofrimento *13*
    A. As Causas do Sofrimento *15*
    B. Um Meio de Superar o Sofrimento *25*

II. A SEGUNDA NOBRE VERDADE *31*
  A Verdade sobre a Origem do Sofrimento *31*

III. A TERCEIRA NOBRE VERDADE *39*
  A Verdade da Cessação do Sofrimento *39*

IV. A QUARTA NOBRE VERDADE *49*
  O Caminho que leva à Cessação do
  Sofrimento, ou O Nobre Caminho Óctuplo *49*

GLOSSÁRIO *59*

SOBRE O AUTOR *89*

PRINCIPAIS TEMPLOS FO GUANG SHAN
  NOS CINCO CONTINENTES *92*

PREFÁCIO

O Buda, sentindo em profundidade o sofrimento de todos os seres, buscou por anos o remédio para esse mal, encontrando-o ao se iluminar. Passou então, movido por compaixão, a ensinar, de forma didática e empática, as verdades que encontrou, que se forem compreendidas levarão ao fim do sofrimento.

Este livreto é o resultado das anotações de uma palestra proferida pelo Venerável Mestre Hsing Yün, na qual ele abordou, de forma simples e profunda, as Quatro Nobres Verdades compreendidas pelo Buda. Nele o leitor poderá encontrar respostas para os seus questionamentos interiores.

A Essência do Budismo é o segundo de uma série de livretos que traz para os leitores ensinamentos fundamentais do budismo, que foram abordados em palestras do Venerável Mestre. Nesta sua segunda edição revisada e ampliada, foi incluído um glossário que facilitará a compreensão daqueles que desconhecem a terminologia budista sânscrita, preservada na Tradição Maaiana.

Que todos os seres sejam felizes e tenham paz!
Centro de Tradução Fo Guang Shan – Brasil

I. A PRIMEIRA NOBRE VERDADE

A Verdade do Sofrimento

Pessoalmente, sempre acreditei que deveríamos ter uma visão alegre, otimista e positiva da vida. Não deveríamos falar constantemente do sofrimento, andar com as sobrancelhas franzidas numa expressão triste e sermos consumidos pela depressão e pela angústia. Algumas pessoas podem se perguntar se é a felicidade que deveríamos procurar, por que, então, o budismo insiste tanto no sofrimento?

O propósito do budismo ao falar sobre o sofrimento é o de que nos tornemos conscientes de todos os tipos de sofrimento existentes no mundo, uma vez que, assim que conhecermos a sua real natureza, poderemos encontrar um meio de acabar com ele. Desse modo, compreender a existência do sofrimento é apenas parte do processo, pois ao se falar sobre ele no budismo o principal propósito é aprender a extingui-lo, para atingirmos a libertação.

Alguns podem perguntar: "Por que o budismo diz que a vida está cheia de sofrimento? Eu não anseio por fama e riqueza, nem sou perturbado por amor e emoções, pelo contrário, a minha vida é muito feliz, nela não há sofrimento". Segundo as escrituras budistas, há muitas variedades de sofrimento: pode haver três, oito, cento e oito, mil cento e oito e até mesmo infinitos e incontáveis modos de sofrimento, todos podendo ser classificados como físicos ou mentais. Algumas pessoas têm menos desejo por conforto material, sendo capazes de suportar o desconforto de condições meteorológicas extremadas e aceitar a dor do empobrecimento. Outras, ainda, têm a capacidade de se elevar acima da escravidão das emoções, controlar a agonia de estarem separadas de entes queridos e tolerar a contrariedade de lidarem com pessoas das quais não gostem. Contudo, ninguém está livre da dor que ocorre no fim da própria vida, quando os cinco agregados se desintegram. Portanto, não faz diferença se discutirmos sofrimento ou não, pois cada um de nós experimentará alguma espécie de sofrimento no decorrer da vida. Se pudermos entender completamente as origens do sofrimento e encontrarmos meios de vencê-las, então poderemos nos livrar do profundo mar de sofrimento e desfrutar a verdadeira felicidade na vida.

Quais são as causas do sofrimento?

A. As Causas do Sofrimento

1. Desarmonia entre nós e as coisas materiais

A primeira causa do sofrimento é a desarmonia entre nós e as coisas materiais. Por exemplo: se vivemos numa casa pequena junto com muitas pessoas, poderemos nos sentir confinados, e viver nesse lugar apinhado de gente se tornará, então, uma causa de sofrimento. Se a altura do nosso travesseiro for desconfortável, talvez não sejamos capazes de dormir direito, o que nos fará ficar inquietos e consequentemente mal-humorados. Para um estudante, até mesmo a altura da escrivaninha ou a luminosidade de uma lâmpada pode ser uma distração e uma fonte de desconforto. Portanto, a insatisfação com coisas materiais, na nossa vida diária, pode produzir sofrimento.

Não apenas coisas materiais exteriores a nós podem ser uma fonte de sofrimento; nossa pele, o nosso cabelo e as nossas unhas, se não forem cuidados de maneira apropriada, poderão ficar sujos e se tornarem uma fonte de aborrecimento. Um provérbio chinês diz: "Nosso cabelo é como três mil fios de preocupações". Nossas vidas estão indissociavelmente conectadas às coisas materiais.

2. Desarmonia entre nós e os outros

A desarmonia entre nós e os outros pode ser a maior causa de aflições: nem sempre podemos estar junto das pessoas que amamos, temos de lidar com pessoas das quais não gostamos.

Devido a diferenças entre nossos conceitos e as maneiras como lidamos com as situações, surgem conflitos que resultam em sofrimentos. Algumas vezes, mesmo tentando ser prudentes e cuidadosos para não ofender os outros, ainda assim, sentimo-nos inseguros e somos inclinados a pensar, ao vê-los sussurrando em grupo por trás de nossas costas, que eles estão nos criticando. A desarmonia no nosso relacionamento com as outras pessoas pode diminuir as nossas aspirações e resultar, até certo ponto, em abatimento e apatia. Por isso, é essencial estabelecer um relacionamento harmonioso quando lidamos com outros.

3. Desarmonia entre nós e o nosso corpo

Algumas pessoas dizem: "Saúde é riqueza". Mesmo se possuíssemos todos os tesouros do mundo e tivéssemos talentos sem paralelo, nada faríamos sem um corpo sadio. O ciclo de envelhecimento, da doença e da morte do corpo é um fenômeno natural do qual ninguém pode escapar, assim, uma pessoa saudável tornar-se-á fraca um dia e uma bela compleição fenecerá com a idade. Embora possamos ser fortes na juventude, os órgãos de nosso corpo começarão a se deteriorar com o passar do tempo, com a nossa visão piorando e os nossos movimentos ficando mais lentos. Mesmo o resfriado mais corriqueiro poderá nos deixar presos ao leito por vários dias e a menor dor de dente poderá nos fazer revirar na cama durante o sono. Devido à desarmonia entre nós e o nosso corpo, diferentes espécies de sofrimento ocorrerão, um após o outro.

4. Desarmonia entre nós e a nossa mente

A mente gosta de assumir o controle e é como um rei que governa sobre todos os seus súditos. Parece um cavalo selvagem correndo desenfreado, não desejando ser controlado. Quando a cobiça, a raiva e a ignorância aparecem em nossa mente, embora tentemos arduamente manter o controle, elas ressurgirão continuadamente. Nossos esforços parecem tão inúteis! Esse tipo de desarmonia entre nós mesmos e a nossa mente pode trazer maior sofrimento do que o trazido pela desarmonia com o corpo. Quando o corpo fica doente, podemos curá-lo com remédios, mas quando é a mente que adoece, até o melhor dos médicos pode não saber o que fazer.

Frequentemente ouvimos pessoas se queixando com alguém: "Você não está ouvindo o que estou dizendo!", quando, na verdade, quem não nos está ouvindo não é o outro, mas a nossa própria mente. Geralmente não podemos fazê-la parar de devanear ou criar aflições e, nesse sentido, a nossa própria mente pode ser o nosso pior inimigo. Quando estamos constantemente em desavenças com nossas mentes, o sofrimento é inevitável.

5. Desarmonia entre nós e os nossos desejos

É impossível para nós, seres humanos, ficarmos completamente sem desejos, que podem ser saudáveis ou nocivos. Desejos saudáveis são, por exemplo: querer se tornar um sábio ou um Buda, almejar vencer na vida profissional, querer servir à sua comunidade ou beneficiar o seu país e os seus semelhantes. Por outro lado, ansiar por conforto material, cobiçar poder e posição, ou desejar ardentemente os prazeres de uma relação amorosa são desejos nocivos e podem provocar nossa derrocada. Mesmo os desejos saudáveis, quando não controlados de forma apropriada, podem se tornar fardos esmagadores, fazendo surgir numerosos sofrimentos. O que dizer, então, dos prejudiciais? São muito mais nocivos! Um importante ingrediente do sucesso é saber como transcender os nossos desejos por coisas materiais.

6. Desarmonia entre nós e os nossas concepções

Concepções referem-se ao nosso modo de pensar e à nossa compreensão das coisas. Embora possamos tolerar a falta de coisas materiais, a solidão e o isolamento devido à nossa maneira de ver as coisas são mais difíceis de suportar.

Desde tempos imemoriais, muitos buscadores se encontraram na situação de trilhar sozinhos o caminho da Verdade. De fato, o Buda chegou, após a sua iluminação, a pensar em entrar imediatamente no Nirvana, por considerar que os seres humanos talvez não fossem capazes de compreender a Verdade que realizara.

O que, normalmente, pode nos fazer sofrer são conceitos e percepções considerados aparentemente corretos, mas que na realidade estão errados. Durante a época de Buda, alguns ascetas, que viviam em florestas, davam ênfase a todos os tipos de automortificação. Alguns ficavam de cabeça para baixo, outros se sentavam perigosamente próximos ao fogo; alguns ficavam submersos na água, outros se recusavam a comer e alguns andavam nus. Experimentavam todo tipo de tortura em seus corpos para, desse modo, alcançar a liberação. Por causa de suas percepções erradas e falsa compreensão, esses ascetas se infligiam dor física, desnecessariamente. Concepções e compreensões falsas podem nos causar muito sofrimento e são os principais obstáculos para a nossa percepção da verdade.

7. Desarmonia entre nós e a natureza

Historicamente, as primeiras atividades humanas foram as nossas lutas contra a natureza. Desde tempos remotos, é incalculável a quantidade de sofrimento que a natureza nos causou com desastres naturais tais como furacões, terremotos, incêndios e inundações. Muita chuva causava inundações, cobrindo completamente as áreas baixas. Escassez de chuva provocava estiagem gretando o solo, tornando-o imprestável para o plantio. Os sofrimentos que experimentamos por causa da desarmonia entre nós e a natureza são claros e diretos.

A verdadeira raiz do sofrimento, seja ele causado por fatores externos como coisas materiais e a natureza, ou por fatores internos, como a mente e as nossas concepções, pode ser encontrada em nosso apego ao "eu" e ao "meu". Segundo o budismo, a origem de todo sofrimento é o "eu ilusório", que nada mais é que a combinação dos cinco agregados. A combinação dos cinco agregados – a forma e a consciência, junto às três atividades mentais de sensação, percepção e atividade volitiva – constituem a vida. Essa combinação dos cinco fatores existe apenas enquanto as condições corretas estiverem presentes, pois nada pode existir sem que as condições para sua existência sejam apropriadas. Geralmente, vivemos como se o corpo, que é constituído pelos cinco agregados, fosse existir eternamente, aferramo-nos ao corpo como se fosse o "eu real", criando toda espécie de desejos insaciáveis que, por seu turno, geram sofrimentos infindáveis. Se pudermos ver além da ilusão do "eu" e perceber a verdade maravilhosa do vazio, então poderemos transcender todo sofrimento. O *Sutra Coração* diz: "O Bodisatva compreendeu que os cinco *skandhas* são vazios, transcendendo todo o sofrimento".

Como é possível compreender o vazio dos cinco agregados e superar o sofrimento? Se pudermos compreender a natureza "sem eu" de todas as coisas (isto é, todas as coisas não têm um "eu" independente, permanente), então poderemos compreender o vazio dos cinco agregados. Uma vez conseguido isso, o sofrimento será superado. Deixe-me demonstrar o significado disso com o seguinte exemplo: o futebol é um esporte muito popular no mundo ocidental. O número de espectadores de uma partida de futebol chega a dezenas de milhares. Em um desses jogos, entre os espectadores havia um homem que fumava enquanto assistia à partida. Muito absorvido, não percebeu que seu cigarro aceso estava tão próximo do espectador ao seu lado que acabou queimando-lhe a roupa. "Ai! Isso dói!" – gritou o torcedor. O fumante então percebendo o que havia feito pediu desculpas imediatamente dizendo: "Sinto muito!". O homem cuja roupa havia sido queimada, também envolvido pela excitação do jogo disse: "Não faz mal, comprarei outra mais tarde". Como você descreveria o estado de espírito do segundo torcedor? Ele estava tão concentrado na partida, que se encontrava, naquele momento, num estado de "sem eu", ou seja, assistir ao jogo era tudo o que lhe importava e mesmo um buraco na sua roupa, feito por um cigarro aceso, não valeria uma discussão. Se ele não estivesse tão absorto no jogo, tal incidente poderia ter provocado uma grande briga, mas como os dois estavam com a atenção totalmente focalizada em qual lado estava ganhando ou perdendo, o conceito do "eu" não tinha a menor importância. Veja só, apenas uma partida de futebol já é o suficiente para capturar a nossa atenção de tal forma que nos esquecemos do "eu" e não damos atenção à dor de uma queimadura! Se conseguirmos compreender sempre o vazio dos cinco agregados, poderemos, definitivamente, superar todo sofrimento.

A existência do sofrimento é uma verdade indiscutível e o budismo enfatiza esse fato dando um passo além para encontrar um meio de sobrepujar esse problema. De fato, todas as ciências modernas como a economia, a medicina, a política têm por objetivo melhorar os padrões de vida e minimizar o sofrimento humano, porém os esforços comuns para o bem-estar social (como ajudar os pobres e necessitados com a doação de alimentos e roupas) conseguem apenas proporcionar um alívio temporário. O budismo não enfatiza apenas a erradicação de nosso sofrimento presente, mas, o que é mais importante, nos ensina a arrancar as raízes do sofrimento, libertando-nos dos ciclos infindáveis de nascimento e morte. O sofrimento no budismo não é necessariamente uma aceitação pessimista, é algo para ser superado e positivamente transcendido.

B. Um Meio de Superar o Sofrimento

1. Fortalecer as nossas mentes

Alguém pode dizer: "Uma vez que eu não acredito no budismo, não estou livre do sofrimento do nascimento, envelhecimento, doença e morte. Contudo, mesmo que você acredite no budismo, ainda estará sujeito a esse mesmo sofrimento. Qual é então a vantagem de acreditar no budismo?". É verdade, acreditar no budismo não pode evitar o nascimento, o envelhecimento, a doença e a morte, porém, quando nos defrontarmos com o sofrimento, teremos uma força maior para superá-lo, e quando estivermos face a face com a morte, seremos capazes de aceitá-la mais franca e dignamente.

Muitos dos grandes *Arhats* do budismo escolheram viver na floresta, junto a cursos d'água ou mesmo em cemitérios, a fim de compreender a sua Natureza Búdica. Muitos dos nobres seguidores do confucionismo escolheram deixar o burburinho das cidades para levar uma vida simples, honesta e tranquila sem quaisquer desejos mundanos. A maior parte das pessoas acha tais modos de vida difíceis de aceitar, mas esses sábios viveram suas vidas simples, cheios de felicidade e de boa vontade. Por quê? Isso porque tinham elevadas aspirações para si mesmos e extrema confiança em seus ideais, conseguindo, dessa maneira, suportar as dificuldades e sofrimentos que as pessoas comuns são incapazes de enfrentar.

Um entendimento apropriado da religião dar-nos-á força para vencer de boa vontade as dificuldades. Muitas pessoas rezam a todos os tipos de deuses pedindo proteção, dinheiro, saúde e todas as coisas que julgam "boas" na vida. Esse tipo de crença apenas encoraja a cobiça, e quando elas não conseguem o que querem, acabam se desesperando. Alguns podem até culpar os deuses por seus sofrimentos. Essa espécie de sistema religioso, baseado na cobiça, pode não tornar fortes as pessoas.

Os verdadeiros budistas não deveriam fazer pedidos irracionais aos Budas e Bodisatvas. Em vez disso, deveriam seguir o caminho dos Budas e Bodisatvas, desejando dedicar-se ao benefício de todos os seres. Se tivermos essa espécie de crença e entendimento espiritual, então teremos grande força para superar as aflições causadas pelo infortúnio e pelas dificuldades. Se pudermos aceitar com equanimidade o modo gentil ou hostil como os outros nos tratam; se pudermos olhar para os assuntos mundanos, sejam eles bons ou maus, do mesmo modo, então poderemos enfrentar o sofrimento com despreocupação e tranquilidade. O budismo pode falar do sofrimento na vida, mas eu, pessoalmente, sinto que a vida é cheia de felicidade. Por quê? Embora o sofrimento realmente exista, se usarmos a nossa força para lidar com ele, compreenderemos o real significado da felicidade. O fruto que amadurece depois de diligente cultivo é particularmente doce. O cultivo de uma fé correta e forte é uma chave importante que nos ajuda a transcender o sofrimento.

2. Arrancar a raiz do sofrimento

Embora o cultivo de uma sólida fé possa nos ajudar a transcender a dor do sofrimento, como praticantes, o nosso objetivo final é erradicar o sofrimento fundamental da vida e da morte. Não deveríamos ser complacentes apenas porque podemos lidar com o sofrimento através de nossa força de vontade, ajustamento mental e capacidade de pensar. Mesmo se tivermos controle sobre as menores aflições da vida, mas não nos libertarmos completamente do nascimento, envelhecimento, doença e morte, o sofrimento fundamental devido à impermanência dos cinco agregados ainda existirá. Um provérbio chinês diz: "Para capturar um bando de ladrões, deveríamos capturar primeiro o seu líder". Portanto, é necessário arrancar a raiz do sofrimento para alcançar a perene felicidade.

A raiz do sofrimento é o "eu": apego ao eu, amor de si mesmo e convicção do ego. Por causa do "eu" procuramos coisas refinadas para satisfazer as nossas necessidades, uma procura que dá lugar à cobiça e que, quando não pode ser satisfeita, a aversão e o ódio se manifestam. Ao nos agarrarmos aos nossos conceitos iludidos sem entender os fatos e a verdade, a ignorância aparece. Por causa do "eu" os grilhões da cobiça, da raiva e da ignorância nos seguem como sombras. Como poderemos arrancar as raízes do sofrimento? Se conseguirmos compreender a verdade do "não eu" a raiz do sofrimento poderá ser cortada. "Não eu" não significa que teremos que destruir a nossa vida – o budismo não é uma religião pessimista e não nega que a vida tenha valor e significado! "Não eu" significa livrar-se do apego a si mesmo, do amor a si mesmo e do desejo do ego, e isso não significa destruir tudo ou desistir de tudo, pois mesmo se cometêssemos suicídio, a morte ocorreria apenas para o nosso corpo físico ilusório, não para o nosso apego ao "eu". Na verdade, no budismo o "não eu" significa sabedoria, Gênese Condicionada, grande compaixão e vazio real. É por meio da liberação do apego ao "eu" e dos conceitos errôneos que poderemos compreender a Verdade Suprema. Apenas quando conseguirmos erradicar o pequeno "eu-ego", que está associado à cobiça, raiva e desejos egoístas, é que poderemos manifestar a nossa verdadeira natureza, pura e feliz. Os homens e mulheres nobres que compreendem a verdadeira natureza do "eu", não se afastam da vida comum. Eles ainda bebem chá, fazem suas refeições, lidam com outras pessoas e resolvem seus assuntos; eles vivem vidas normais. A única diferença é que eles mantêm um estado puro de mente em suas vidas tanto cotidianas quanto espirituais, tendo desistido de toda espécie de obsessões e compreendido a real natureza das coisas. Eles estão livres do sofrimento causado pela impermanência e experimentaram a eternidade.

O "eu" ao qual nos apegamos tão amorosamente é apenas uma coisa efêmera. Nossa vida dura apenas umas poucas décadas; é ilusória e muda constantemente. O "eu" real transcende o tempo, o espaço e a relatividade, sendo puro e livre das aflições. A chave para nos libertar do sofrimento e alcançar a felicidade é expandir o nosso pequeno "eu-ego" e compreender a vida "eterna", sendo isso algo que temos de, urgentemente, levar em consideração.

II. A SEGUNDA NOBRE VERDADE

A Verdade sobre a Origem do Sofrimento

Em nossas vidas geramos muitos tipos de carmas nocivos por causa de nossas exigências ignorantes e nossos anseios. A retribuição desses carmas vai gerar o fruto do sofrimento, assim, o nosso sofrimento é causado pelo nosso próprio carma. O carma se refere às ações praticadas pelo nosso corpo, nossa fala e nossa mente e estaremos submetidos aos efeitos de quaisquer ações que tenhamos feito, uma vez que o carma não desaparece, ele apenas vai se acumulando. Entretanto, carma não é apenas ruim, há também o bom carma. Dependendo do carma que tenhamos semeado, provaremos o fruto do sofrimento ou da felicidade.

A Lei da Causa e Efeito e a retribuição cármica são conceitos especiais encontrados nas filosofias indianas, sendo, também, um grande ensinamento na história da filosofia budista. O carma pode criar um futuro brilhante para nossa vida, nos dando esperança. Talvez alguém queira perguntar: "O senhor não acabou de dizer que o carma é a causa do sofrimento? Agora, por que o senhor diz que ele nos dá luz e esperança? Isso não é uma contradição?". Se você puder verdadeiramente entender a função e a doutrina do carma, não terá dúvidas quanto ao que acabei de dizer.

O real significado de carma é "Cada um é responsável por suas próprias ações". Através da história, sempre houve uma questão inexplicável que confundiu filósofos, bem como eclesiásticos: qual é a origem da vida e do Universo. Várias teorias foram propostas para explicar a origem do Universo e da vida humana, como a teoria dos elementos naturais e a da evolução. A religião cristã afirma que o mundo foi criado por Deus. A religião bramânica da Índia sustenta que tudo surgiu de Brahma. Essas e outras religiões tentam explicar a criação inicial do Universo e das formas de vida, e estabelecer um conjunto de leis nas quais tudo é controlado por um Deus. Porém, o budismo nos ensina que o homem, ele mesmo, é responsável por sua própria sorte, ninguém mais. Mesmo Deus ou Brahma não podem escapar da Lei da Causa e Efeito. No budismo, a retribuição cármica é criada por nós mesmos, não pelas deidades, sendo que a felicidade e o sofrimento em nossa vida, e o esplendor ou a escuridão de nosso futuro não são concedidos pelos deuses, mas determinados pelo esforço que tivermos feito. Fruto saudável é produzido pelas sementes de nossas atitudes saudáveis, do mesmo modo, o fruto nocivo é produzido pelas sementes das nossas atitudes nocivas, ou seja, ninguém pode nos proporcionar ventura ou desventura, criamos as nossas próprias ações, boas ou más, ninguém mais nos controla. Assim, podemos ver que o budismo tem um grande respeito pelo livre arbítrio, sendo uma religião que acredita na autodisciplina, e que cada um colherá os resultados de suas próprias ações.

O grande escritor Hu Shi (1891-1962) disse: "Para se colher o que quer que seja, deve-se antes plantar aquilo que se espera colher". O carma é como uma semente, nós temos que plantar a espécie de semente que produzirá o tipo de fruto que gostaríamos de colher! De maneira semelhante, nossas ações determinarão o nosso efeito cármico, pois o carma oferece igual oportunidade e é perfeitamente preciso. Uma pessoa não será eximida do efeito cármico apenas por ser rica ou poderosa. A conhecida máxima diz: "Todos são iguais perante a lei". Do mesmo modo, o efeito cármico é igualmente aplicado a todos, a despeito da posição, gênero, *status* ou riqueza. Todos receberão suas justas porções e colherão suas retribuições cármicas, uma vez que ninguém pode tomar o lugar do outro, sejam marido e mulher, sejam pais e filhos, sejam professor e aluno, ou sejam dois amigos. Nossa retribuição cármica é um claro testemunho dos resultados de nossas ações e sua exatidão é tão perfeita que, mesmo as modernas calculadoras e os computadores de hoje não podem a ela se comparar. Quando todos compreenderem o conceito de causa e efeito, a moral da sociedade melhorará, o crime diminuirá e não será difícil estabelecer uma sociedade feliz e tranquila.

Portanto, o conceito de causa e efeito desempenha um papel muito importante na purificação de nossas mentes e na elevação da moralidade da sociedade.

Alguém pode perguntar: "O senhor disse que colheremos o fruto de nossas ações. Uma pessoa que conheço fez muitas coisas más em sua vida. Ela não apenas permaneceu impune, como desfruta de toda espécie de honrarias e riquezas. Outra pessoa que conheço fez muitas coisas boas, no entanto, toda espécie de infortúnio parece segui-la. Como atua a Lei da Causa e Efeito nestas situações?". Na verdade, isso é a Lei da Causa e Efeito. Por quê? A Lei da Causa e Efeito é como o plantio de sementes. Algumas plantas tornar-se-ão viçosas e verdes em um ano, enquanto outras levarão vários anos para crescer. Do mesmo modo, alguns resultados cármicos amadurecerão nesta vida, outros na próxima e alguns não amadurecerão por muitas existências futuras. A retribuição cármica pode ser imediata ou demorada, mas não podemos refutar a real existência da retribuição cármica. Há um provérbio no budismo que diz: "Todas as causas dão origem a efeitos; é apenas uma questão de tempo". A lei da Causa e Efeito é absolutamente justa. É apenas uma questão de tempo. É por isso que falamos acerca de causa e efeito do passado, presente e de vidas futuras.

Alguns de vocês, que receberam uma educação moderna, podem retorquir dizendo: "Estamos no Século XXI; nossa tecnologia e civilização são altamente desenvolvidas. Por que iríamos acreditar em superstições como a causa e efeito?".

Na verdade a Lei da Causa e Efeito é a mais científica e acurada de todas as leis naturais. Cada um dos minutos de nossa vida é controlado pela maravilhosa Lei da Causa e Efeito, não podemos viver à parte dela. Por exemplo, quando estamos com fome comemos e depois que comemos, não estamos mais com fome, ou, quando estamos cansados, descansamos e depois que descansamos, ficamos cheios de energia. Cada pequena parte de nossas vidas, mesmo as nossas atividades mentais de percepção, sensação e volição, atuam de acordo com a Lei da Causa e Efeito. Portanto, se procuramos uma vida feliz, deveremos plantar boas sementes e então provaremos a doçura de nossos próprios bons frutos.

Quando as primeiras experiências envolvendo bebês de proveta foram realizadas com sucesso, o mundo inteiro ficou espantado. Embora o bebê de proveta não seja concebido no útero da mãe, ele ainda requer o esperma do pai e o óvulo da mãe e mais o apoio da ciência para que possa se desenvolver. Um bebê de proveta necessita que todas as condições adequadas estejam presentes para que seu nascimento seja um sucesso, desse modo, esse método de concepção é totalmente consonante com a Lei da Causa e Efeito. O bebê de proveta é meramente o resultado de um tipo alternativo de método reprodutivo.

Não há nada neste mundo que possa escapar da Lei da Causa e Efeito. Uma vez que um mau carma é produzido, um mau efeito, com certeza, se seguirá e, embora o surgimento e acúmulo de mau carma possa nos trazer sofrimento, teremos alegria e esperança assim que a retribuição terminar. É como uma pessoa que toma dinheiro emprestado de alguém ficando com uma grande dívida, mas depois de saldá-la, estará livre. É como um criminoso que é libertado depois de cumprir sua pena. Uma pessoa que cometeu muitos atos nocivos ainda pode ter um belo futuro depois que tiver produzido o fruto de sua retribuição cármica.

O Darma diz: "Todos os fenômenos são impermanentes". O mau carma é também impermanente e vazio, sem uma natureza intrínseca própria. Se pararmos de criar um mau carma e continuarmos a produzir bom carma, ficaremos livres do sofrimento algum dia e conseguiremos a verdadeira felicidade. Portanto, a Lei da Causa e Efeito não é nem pessimista nem fatalista; pelo contrário, ela é otimista e progressista. Se quisermos nos livrar das profundezas do mar do sofrimento, deveremos primeiro erradicar a causa do sofrimento e então cessar de gerar mais carma negativo, desse modo, a vida cheia de felicidade não estará fora do nosso alcance. Assim, um entendimento da causa original do sofrimento é absolutamente necessário para alcançar a felicidade.

III. A TERCEIRA NOBRE VERDADE

A Verdade da Cessação do Sofrimento

Se alguém lhe perguntar: "Por que você acredita no budismo? Qual é o propósito de acreditar no budismo?", como você responderia? Se você me perguntar, a minha resposta poderia surpreendê-lo, pois acredito no budismo por causa da busca da "cessação".

Quando mencionamos "cessação", as pessoas imediatamente pensam em aniquilação, exterminação, ou vazio e ficam amedrontadas. Na história do budismo, houve muitos casos em que o significado dos ensinamentos do Buda foi mal interpretado devido a traduções incorretas. Esses erros tornaram-se obstáculos na difusão do budismo. Por exemplo: a "cessação" mencionada nas Quatro Nobres Verdades não tem o significado literal de aniquilação e extermínio. O significado verdadeiro de "cessação" é livrar-se da aflição da ilusão e da discriminação, para que nossa verdadeira natureza – *tathata* (tal como é) – seja revelada. A cessação, nesse caso, não é pessimista nem destrutiva, mas positiva, criativa e construtiva.

"Cessação" significa o estado ideal no qual a completa erradicação da cobiça, da raiva e da ignorância é atingida. O estado pacífico e tranquilo do Nirvana aparecerá somente quando o fogo do desejo sensual for extinto. As doutrinas de *prajña* (sabedoria) e *shunyata* (vazio) são semelhantes à "cessação". Elas sugerem que deveríamos eliminar nossa ignorância, cobiça e desejos para desvelar nossa sabedoria *prajña*. Quando falamos sobre *shunyata* algumas pessoas podem reagir dizendo: "O budismo fala sobre o vazio. Acho que isso significa que o Céu e a Terra são vazios; as pessoas e o 'eu' não existem. O vazio puxa as pessoas para o mundo ilusório e sem o objetivo do nada. Esse 'vazio' soa horrível para mim".

Na verdade, a doutrina de *shunyata* no budismo não significa não existência ou niilismo. Há existência infinita contida no vazio; não haveria existência sem o vazio. Geralmente, o nosso conceito de *"bhava"* (existência) é ilusório e fictício, enquanto que o conceito de *shunyata* no budismo significa verdadeira existência e maravilhosa realidade. Por que o vazio se torna não vazio e a cessação se torna não extinção? Usarei um exemplo para ilustrar isso.

Se quisermos organizar uma palestra, a primeira coisa em que devemos pensar é: "Aonde iremos para fazer a palestra?". Se não houver um espaço, não será possível organizá-la. De maneira geral, quando queremos organizar algo assim, temos de considerar cinco fatores: público, tema, tempo necessário, local e objetivo. Local significa espaço. Espaço está intimamente relacionado com as nossas vidas, por exemplo: seu bolso pode conter coisas se houver espaço; você pode colocar dinheiro em sua bolsa, se ela estiver vazia; seu nariz, seus ouvidos, sua boca, seu estômago, seus intestinos e seus poros são vazios e por esse motivo você pode respirar, absorver nutrientes, metabolizar e manter a sua vida. Se todos esses espaços estivessem bloqueados, as pessoas não seriam capazes de sobreviver. Porque há vazio, há existência. Se não houvesse espaço vazio, nós não poderíamos construir edifícios. Isso é o significado de: "o vazio verdadeiro dará origem à maravilhosa realidade". Assim, "cessação" e "*shunyata*" não significam "coisa nenhuma". A cessação da ilusão e a eliminação do irreal são pré-requisitos para a manifestação da existência verdadeira e maravilhosa.

Xun Zi (313-238 a.E.C), o grande erudito confuciano, propôs que precisamos passar por três estágios para cultivar a mente, que são: humildade, unicidade de propósitos e quietude. Humildade significa que deveríamos manter um "espaço" apropriado na nossa mente e não sermos teimosos ou condescendentes. Se tivermos espaço interior, novos conhecimentos poderão ser facilmente absorvidos e as sugestões dos outros, prontamente aceitas. O progresso, certamente, virá em seguida.

É dito em um dos sutras: "Se quisermos compreender como é o estado da mente do Buda, deveríamos expandir nossa mente como o espaço vazio". Todos nós já vimos o espaço, mas quem pode claramente descrever sua forma e aspecto? O espaço tem forma retangular, quadrada ou circular? O espaço está em toda a parte. O espaço que preenche uma xícara tomará a forma de uma xícara. O espaço de uma caixa retangular tem a forma retangular. Uma vez que o espaço não tem uma forma definida, fixa, ele pode tomar qualquer forma. O vazio transcende a relatividade da existência e da "não existência". Se pudermos expandir a nossa mente até o infinito, do mesmo modo que o espaço, compreenderemos o estado da mente do Buda.

Alcançar a budeidade significa ter a compreensão da verdadeira natureza da sabedoria *prajña* e de *shunyata*, e da verdade do Nirvana e da cessação. Cessação significa a extinção do nascimento e morte e a ruptura do ciclo de renascimento. Os ciclos de renascimentos são a razão do sofrimento que devemos suportar através de longos períodos de angústia. Somente erradicando os ciclos de renascimento – nos quais estamos aprisionados por causa de nossos desejos – atingiremos a suprema liberdade de não nascer e não morrer. Se quisermos ficar livres da dor do sofrimento, deveremos cortar o mal pela raiz, isto é, extinguir todos os nossos desejos por prazeres do mundo.

Ao ouvir que o budismo defende a ideia de que as pessoas deveriam acabar com os desejos por prazeres do mundo, você pode temer que, uma vez acreditando no budismo, você não mais estará livre para casar, ter filhos, ganhar dinheiro, ter uma alta posição, ou desfrutar dos prazeres da vida. Todas essas preocupações são desnecessárias, pois o budismo é uma religião que procura a felicidade e a paz, não renunciando à vida comum, o que ele refuta é a excessiva indulgência ao usufruir os prazeres da vida. Quando acreditamos no budismo, ainda podemos nos casar, fazer negócios e levar uma vida normal. Na literatura budista, há um leigo chamado Vimalakirti que era casado e muito abastado. Contudo, ele não se tornou escravo do desejo por coisas materiais. Num sutra, ele é descrito assim: "Embora levando uma vida familiar normal, ele não tinha apego aos Três Mundos; embora casado, ele sempre vivia com pureza".

Algumas pessoas dizem que o budismo rejeita a afeição. Na realidade, o budismo põe grande ênfase na afeição, e o que ele procura eliminar é a afeição e o desejo egoístas. Deveríamos transformar a afeição egoísta em compaixão e o desejo egoísta em sabedoria. A afeição defendida pelo budismo é a dedicação, não a posse. Ele promove a compaixão da doação, não do desejar. O amor que o budismo defende é amar a todos os seres, não apenas um. A ação compassiva do bodisatva de ajudar a todos os seres é a manifestação dessa afeição não egoísta em sua forma mais elevada. A afeição que incorpora compaixão e sabedoria não se torna inapropriada. Algumas pessoas buscam o amor romântico durante toda sua vida, mas embora esse amor possa trazer felicidade, ele pode também ser uma fonte de sofrimento. Quando lemos jornais, vemos que assassinatos ocorrem todos os dias, e ao examinarmos as causas subjacentes a esses crimes, frequentemente encontramos relacionamentos e dinheiro por detrás deles. O amor sem sabedoria e compaixão é uma armadilha muito perigosa.

Talvez você acredite que felicidade na vida não seja nada mais do que ter amor e dinheiro. O budismo defende que as pessoas deveriam eliminar a afeição egoísta e a ganância. Nesse caso, que espécie de felicidade poderemos obter ao acreditar no budismo? O budismo não evita o dinheiro em si, nem defende que o dinheiro seja "uma cobra venenosa". Ser pobre não é um pecado, nem ser rico é uma coisa abominável. Segundo o caminho maaiana do bodisatva, desde que a riqueza não nos faça gananciosos e desde que ter uma posição possa beneficiar a difusão do budismo, quanto maior a riqueza ou a posição alcançada, melhor. A riqueza e a posição podem ser muito úteis para a difusão do budismo. A riqueza não é boa nem má; a chave para interpretá-la se encontra no modo como ela foi gerada e como é usada.

Geralmente, as pessoas têm uma concepção errada de que, segundo o budismo, deveriam renunciar ao "ter". Isso simplesmente não é verdade. O budismo enfatiza o "ter"; contudo, o objetivo e o método de como "ter" são diferentes dos da percepção comum. No budismo, lutamos para que todos os seres "tenham" felicidade, não apenas nós. O método para alcançar tal objetivo é através da mente de não apego, isto é, ter tudo, mas não possuindo nada. Frequentemente digo que deveríamos considerar "não posse" como "ter" e vazio como existência, e que a existência e o "ter" são moldados no vazio e na "não posse", respectivamente. Afinal de contas, sem o vazio não há existência; o "ter" ocorre apenas quando há "não posse". Posse é limitada, mensurável e computável, enquanto que "não posse" é ilimitada, incomensurável e infinita. Há duas espécies de mundos em nossas vidas: aquele em frente dos nossos olhos é um limitado "mundo de posse". Por serem ignorantes, os seres sencientes lutam por causa de suas posses, e não sabem que ao se virarem poderão descobrir um mundo maior e mais espaçoso. Esse outro mundo é o da "não posse" e será percebido apenas se nossos desejos e emoções egoístas forem erradicados. Nesse mundo de "não posse", o nascimento e a morte são erradicados, os desejos extintos e toda relatividade, diferença e ilusões não existem mais. É um estado de ser completamente liberto e despreocupado. Esse é o estado que todos os budistas deveriam lutar para alcançar.

Quando esse estado de liberdade pode ser alcançado? Devemos esperar até que nosso corpo físico tenha morrido e a vida tenha se extinguido? Não! Esse estado foi alcançado pelo Buda quando ele estava sentado no seu Trono de Diamante, debaixo da Árvore *Bodhi*. Se trabalharmos, diligentemente, poderemos alcançá-lo da mesma maneira que o Buda o fez.

O que é o estado de um ser iluminado? Na visão da maioria das pessoas um ser iluminado se comporta, frequentemente, de modo muito estranho. Por exemplo: na história do Budismo *Chan* os mestres *chan* tinham modos diferentes de expressar-se quando se iluminavam durante o Caminho. Alguns discípulos riam loucamente, outros atacavam seus mestres; os mestres não se importavam com tal comportamento, na verdade o aprovavam. Essa espécie de comportamento era absolutamente inaceitável para as pessoas comuns, contudo, para um ser iluminado, tais expressões denotavam o próprio *Chan*.

IV. A QUARTA NOBRE VERDADE

O Caminho que leva à Cessação do Sofrimento, ou O Nobre Caminho Óctuplo

O que é o Caminho? Ele é muito abrangente: os Quatro Ilimitados Estados da Mente; os Quatro Votos; os Três Treinamentos; os Cinco Preceitos; as Dez Boas Atitudes; os Sete Fatores que levam à Iluminação; o Nobre Caminho Óctuplo; os Trinta e Sete Fatores da Iluminação e as Seis *Paramitas*, são todos considerados como o Caminho. Devido à falta de tempo, vamos falar apenas do Nobre Caminho Óctuplo.

O Nobre Caminho se refere aos oito passos corretos que levarão à cessação do sofrimento. Esses passos são: compreensão correta, pensamento correto, fala correta, ação correta, meio de vida correto, esforço correto, plena atenção correta e concentração correta. O Nobre Caminho Óctuplo parece ser muito simples, mas entendê-lo completamente não é fácil. Vamos falar um pouco de cada um desses passos.

A. Compreensão correta

A compreensão correta é a que nos capacita a manter a nossa fé na verdade, quando confrontados com desigualdades ou dificuldades. O conhecimento das coisas do mundo pode ser bom ou mau, sendo, algumas vezes, não confiável e podendo nos desencaminhar. Vamos dar uma olhada no caractere chinês para a palavra ignorância (*chi*), ele é a junção de dois caracteres: *zhi,* que significa conhecimento e *bing*, que significa doença. Assim, quando o conhecimento se corrompe [adoece], ele se transforma em ignorância. Algumas pessoas são extremamente inteligentes, mas quando fazem coisas más são duplamente destrutivas! Por exemplo, Hitler e o Imperador Qin Shi são duas figuras historicamente muito conhecidas, que eram muito inteligentes, todavia, diabólicas. Assim, como podemos ver, o profundo conhecimento de uma pessoa não é diretamente proporcional à sua moralidade. O conhecimento é como uma faca afiada, se não for usada apropriadamente, pode ferir os outros. Portanto, é muito importante para nós sabermos como transformar o conhecimento em sabedoria e correta compreensão.

Transformar o conhecimento em sabedoria e compreensão correta não é fácil. O princípio é o mesmo que tirar fotografias: o foco, a distância e a velocidade do obturador devem ser ajustados adequadamente, antes que possamos tirar uma foto nítida e bela. De modo semelhante, podemos ver a verdadeira natureza da vida e o Universo como ele é na realidade, apenas se tivermos a compreensão correta. Se faltar a compreensão correta ao observarmos este mundo terreno, sérios enganos serão cometidos. É como observar flores através de um pesado nevoeiro, ou como uma pessoa cega identificando um elefante ao tocá-lo.

Os ensinamentos e métodos de prática do budismo são muitos e variados para ajustar-se às inúmeras necessidades das pessoas. Todos os indivíduos deveriam fazer a sua prática de acordo com as suas próprias capacidades. Por exemplo, todos os seres sencientes deveriam cultivar a compreensão correta. Os que praticam o caminho do *shravaka* e do *pratyekabudha* precisam compreender o conceito da Gênese Condicionada. Aqueles que praticam o Caminho Maaiana do bodisatva precisam compreender a sabedoria de *shunyata*. E por fim, Budas são os iluminados que compreenderam a sabedoria *prajña*. Essa sequência de praticar a Compreensão Correta, a compreensão da Gênese Condicionada, a compreensão do *shunyata* e da sabedoria *prajña* é semelhante à progressão gradual que um estudante faz em sua formação desde a escola fundamental, passando para a escola secundária, para o curso universitário e para a pós-graduação. Quando estamos no primeiro estágio do estudo do budismo devemos desenvolver o correto conhecimento e a correta compreensão. Quando alcançamos o nível secundário devemos observar a verdade da Gênese Condicionada. No nível avançado devemos contemplar a sabedoria do *shunyata* e no estágio final devemos cultivar a sabedoria *prajña*. Esses são os estágios progressivos do aperfeiçoamento sendo que os estágios que alcançarmos dependem de nosso próprio esforço, mas a despeito do nível em que estivermos, devemos todos começar com a compreensão correta; ela é muito importante e é o primeiro passo que deveríamos dar ao estudar o budismo.

B. Pensamento correto

O pensamento correto é a volição, a decisão e a contemplação corretas. Significa não ter pensamentos de cobiça, de raiva e de ignorância. Esses Três Venenos são nossos principais obstáculos no caminho da iluminação e continuamente ocupam nossas mentes e contaminam nossa natureza pura. Não é fácil livrar-se desses três venenos. Temos que exercer esforço continuado para manter o pensamento correto necessário para superá-los e adentrar no caminho da budeidade.

C. Fala correta

Usar a fala correta significa que não devemos mentir, caluniar os outros, usar linguagem grosseira ou falar frivolidades. Um conhecido provérbio diz:

"Doenças entram por nossas bocas; desastres jorram das nossas bocas", "Doenças entram por nossa boca; o mal sai por ela". Nossa boca é um machado afiado; se dissermos alguma coisa não apropriada, não apenas feriremos os outros, como também a nós mesmos. Por isso é muito importante escolhermos nossas palavras sabiamente.

D. Ação correta

A ação correta significa que não deveríamos matar, roubar, envolver-nos em má condutas sexuais ou usar entorpecentes de qualquer tipo. Além de nos abstermos de fazer ações nocivas, necessitamos também, ativamente, realizar boas ações.

E. Meio de vida correto

Meio de vida correto refere-se ao modo apropriado de trabalhar para ganhar o próprio sustento, evitando empregos não éticos, tais como: trabalhar em casas de jogos, trabalhar em matadouros, vender bebidas alcoólicas ou instrumentos que possam matar. Também faz parte do meio de vida correto manter hábitos de vida bem disciplinados, tais como ter quantidade adequada de sono, de comida, de exercício, de descanso e de trabalho. O meio de vida correto não apenas promove eficiência e boa saúde, como também nos capacita a ter uma vida familiar feliz e uma sociedade estável.

F. Esforço correto

Há quatro esforços corretos: 1) não fazer o mal que ainda não foi feito; 2) erradicar o mal que já existe; 3) nutrir o bem que ainda não foi feito e 4) manter e multiplicar o bem que já existe.

G. Plena Atenção correta

Ter plena atenção correta é manter a nossa atenção, a nossa percepção e a nossa mente focalizadas nos Quatro Fundamentos da Plena Atenção: 1) o corpo é impuro; 2) as sensações sempre resultarão em sofrimento; 3) a mente é impermanente e 4) todos os darmas (fenômenos) não têm um "eu" substancial.

Se sempre contemplarmos a impermanência, o sofrimento e o "não eu", não cobiçaremos as trivialidades deste mundo. Lutaremos, diligentemente, para alcançar a Verdade.

H. Concentração correta

Concentração correta refere-se aos quatro estágios de *dhyana* (concentração meditativa). O que ela significa, realmente, é que deveríamos concentrar nossa vontade e pensamentos por meio da prática da meditação. Se pudermos dominar completamente os oito elementos dessas Quatro Nobres Verdades, alcançaremos a budeidade tranquilamente.

Até agora, nesta palestra aprendemos sobre as Quatro Nobres Verdades, que podem ser comparadas ao processo de curar uma doença. O que faz a pessoa ficar doente é a Segunda Nobre Verdade – a causa do sofrimento. Depois de determinar a raiz da doença, prescreveremos diferentes métodos para curar a doença, que é a Quarta Nobre Verdade – o caminho que leva à erradicação do sofrimento. Quando a prescrição correta é aplicada, curando a doença, decorre a Terceira Nobre Verdade – a cessação do sofrimento. Devemos curar a doença física com remédios, enquanto que a doença de nossas mentes deve ser curada com o Darma. Quando olhamos as Quatro Nobres Verdades comparando-as aos princípios para curar uma doença, podemos ver que elas estão completamente de acordo com a ciência, ilustrando que o budismo é realmente muito lógico.

Depois de sua iluminação, o Buda começou a ensinar o que tinha compreendido. A primeira vez em que ensinou o Darma, ele girou a Roda do Darma três vezes. A primeira volta foi de instrução; ensinou o conteúdo e as definições das Quatro Nobres Verdades. Ele disse: "Assim é o sofrimento, que é opressivo; assim é a causa do sofrimento, que se manifesta; assim é a cessação do sofrimento, que é atingível; assim é o Caminho, que é praticável".

A segunda volta da roda foi de "encorajamento". O Buda persuadiu seus discípulos a praticar as Quatro Nobres Verdades para erradicar as aflições e alcançar a iluminação. Disse-lhes: "Assim é o sofrimento, vocês devem conhecê-lo; assim é a causa do sofrimento, vocês devem erradicá-la; assim é a cessação do sofrimento, vocês devem efetivá-la; assim é o Caminho vocês devem praticá-lo".

A terceira volta da roda foi de "realização". O Buda disse a seus discípulos que ele próprio havia compreendido as Quatro Nobres Verdades. Ele encorajou todos os seres sencientes a aplicarem todo o seu esforço e lutar para compreender as Quatro Nobres Verdades, como Ele próprio fizera. O Buda disse a eles: "Assim é o sofrimento, eu o conheci; assim é a causa do sofrimento, eu a erradiquei; assim é a cessação do sofrimento, eu a efetivei; assim é o Caminho, eu o trilhei". Devido à ênfase que o Buda deu às Quatro Nobres Verdades, sabemos que elas devem ser muito importantes.

As Quatro Nobres Verdades são o ensinamento fundamental do budismo. Elas têm sido praticadas por mais de dois mil anos e seu conteúdo é, de fato, muito profundo; entretanto, não nos é possível falar de sua profundidade em tão curto espaço de tempo. Hoje consegui dar-lhes apenas uma breve introdução e plantar a semente para a sua futura investigação do budismo. Muito obrigado!

GLOSSÁRIO

a.E.C.: abreviação da expressão "antes da Era Comum", usada preferencialmente por povos não cristãos, equivalente a "antes de Cristo" (a. C.).

Anatman (sânscrito; páli: *anatta*): "não eu", a ausência de um eu (*atman*); a doutrina fundamental do budismo na qual indivíduos e objetos são destituídos de qualquer imutabilidade, eternidade ou substrato autônomo. É uma das três "marcas" (*lakshana*) ou atributos de todo fenômeno composto (as outras duas são *anitya* e *duhkha*). Algumas escolas de pensamento budista, como a Vatsiputriya e a tradição associada ao *Sutra Nirvana*, aceitaram a existência de uma espécie de "eu", frequentemente identificado com a Natureza Búdica.

Arhat (em sânscrito: "merecedor, digno, honrado, valioso"; páli: *Arahant*): aquele que atingiu a meta da iluminação ou despertar (*bodhi*). Essencialmente, o estado de *Arhat* consiste na erradicação do fluxo (*ashrava*) e na destruição das impurezas (*kleshas*). O *Arhat* também está livre dos dez grilhões (*samyojana*) e com a morte deixa de renascer. A diferença entre um *Arhat* e um Buda é que o Buda alcança a iluminação por si mesmo, enquanto o *Arhat* atinge-a por seguir os ensinamentos de outrem. Entretanto, pode-se notar que o Buda é também um *Arhat* e costuma ser invocado como tal na citação em páli que diz: "*Namo tassa Bhagavato Arahato Sammasambuddhassa*" (Reverências ao Senhor, O Honrado, O Perfeitamente Desperto). Como ensinado no budismo primitivo, o *Arhat* cumpre exatamente a mesma meta que o Buda. Entretanto o Budismo Maaiana interpreta o alcance do estado de *Arhat* como inferior ao da budeidade e aponta o *Arhat* (com ligeira distorção) como preocupado com o alcance de um nirvana particular. Por outro lado, é dada ênfase à grande compaixão (*mahakaruna*) dos Budas e Bodisatvas os quais se dedicam a conduzir todos os seres à liberação. De modo geral, *Arhat* é alguém que se devota a alcançar a iluminação — meta individual em contraste com o caminho do Bodisatva, que busca a libertação para todos os seres".

Árvore Bodhi (árvore-de-pagode, *fícus religiosa*): em português bodiame, etimologicamente do cingalês: *bodhiyan*, acusativo de *bodhi*. Figueira venerada pelos budistas, por constar que Sidarta Gautama, sentado sob a copa de uma delas, alcançou a iluminação. Ver *Bodhi* e *Ashvattha*.

Ashvattha (sânscrito): a sagrada figueira *(fícus religiosa)* cuja madeira, muitas vezes, é estipulada para uso em rituais.

Bhava (sânscrito: ser ou vir a ser): o décimo elo do processo da Gênese Condicionada (*pratitya-samutpada*). Os três níveis psico-cosmológicos da realidade ou modalidades do existir, ou seja, o Plano do Desejo (*kamadhatu*), o Plano da Forma (*rupadhatu)* e o Plano do Sem Forma (*arupyadhatu*).

Bodhi (sânscrito; páli): termo que literalmente significa despertar ou despertamento, mas que é comumente traduzido como "iluminação". Ele designa o despertamento da suprema sabedoria, como foi experimentada pelo Buda aos trinta e cinco anos, sentado em meditação sob a Árvore *Bodhi*. Tecnicamente, diz-se que a experiência de *bodhi* consiste de sete elementos conhecidos como os braços da iluminação (*bodhyangas*), elementos estes conducentes ao despertar quando as Quatro Nobres Verdades são corretamente apreendidas. De acordo com antigas fontes budistas, os *Arhats*, os *Pratyekabuddhas* e os Budas, todos experimentam o mesmo despertar, porém com o passar do tempo, o despertar do Buda passou a ser considerado como especialmente profundo.

Bodhimanda (sânscrito: assento do despertar): o local onde um Buda se torna iluminado, tal como o local da iluminação (*bodhi*) do Buda Shakyamuni sob a Árvore *Bodhi*. Por vezes o termo se refere apenas ao ponto exato no qual o Buda de fato se sentou e outras vezes ao terreno com a árvore em seu centro. Mitologicamente esse local torna-se o lugar de iluminação de todos os Budas, passados, presente e futuros com o *Bodhimanda* sendo concebido como o centro ou o umbigo do mundo e a Árvore *Bodhi* como o eixo do mundo (*axis mundi*). Na iconografia budista, o Buda é representado em posição sentada sob o *Bodhimanda,* com sua mão direita tocando a terra invocando-a como testemunha da sua iluminação.

Bodhi-pakshika-dharma (sânscrito: elementos do despertar): trinta e sete fatores da iluminação ou elementos que levam ao despertar (*bodhi*) os quais compreendem: os Quatro Fundamentos da Plena Atenção (*smrti-upasthana*); os Quatro Esforços ou Contenções (*prahana*); os Quatro Fundamentos do Poder Sobrenatural (*rddhipada*); os Cinco Poderes (*bala*); as Cinco Faculdades Espirituais (*indriya*); os Sete Braços da Iluminação (*bodhyanga*) e o Caminho Óctuplo (*ashtanga-marga*).

Bodhyangas (sânscrito: ramos, galhos, braços): lista de sete fatores que levam a ou constituem *bodhi*, o despertar. Frequentemente são mencionados como "os sete braços da iluminação" que se encontram elencados nas fontes em páli como: (1) mente plena (*sati*); (2) investigação do Darma (*dharma-vichaya*); (3) vigor, energia, empenho contínuo (*virya*); (4) alegria (*piti*); (5) tranquilidade (*passaddhi*); (6) concentração meditativa (samádi) e (7) equanimidade (*upeksha*). Os sete braços são o sexto dos trinta e sete fatores da iluminação (*bodhi-pakshika-dharma*).

Bodisatva (*Bodhisattva*, sânscrito etim.: "ser destinado à iluminação", por extensão "o que será iluminado e se tornará um Buda", termo composto por *bodhi:* "iluminação" e *sattva:* "ser"): no Budismo Maaiana, ser que busca o estado búdico pela prática sistemática das virtudes perfeitas (*paramitas*) e adia o alcance do próprio nirvana (superação final do sofrimento da existência), até que tenha ajudado todos os seres a alcançar a iluminação por meio do fator determinante de sua ação, que é a compaixão (*karuna*) sustentada pela mais alta sabedoria (*prajña*). O conceito de bodisatva é a principal característica do Budismo Maaiana.

Bodisatva Celestial: o termo "celestial" é usado em português para descrever os grandes bodisatvas não históricos mencionados nos textos do Budismo Maaiana e que são altamente desenvolvidos no caminho da iluminação (*bodhi*). Os exemplos mais notáveis de tais bodisatvas são Avalokiteshvara e Mañjushri, que podem ser considerados de natureza mitológica ou simbólica, em contraste com os bodisatvas humanos comuns, que estão desenvolvendo a trajetória do bodisatva.

Brahma: uma dentre as três divindades centrais do hinduísmo, também conhecida e respeitada no budismo, mas posta em plano secundário.

Brahma-vihara (sânscrito e páli: residência de Brahma): conjunto fundamental de quatro práticas meditativas, comumente chamadas de as quatro "Ilimitadas", as quatro "Puras Residências" ou as quatro "Estações de Brahma". São elas: (1) bondade amorosa ilimitada (*maitri*); (2) compaixão ilimitada (*karuna*); (3) alegria solidária ilimitada (*mudita*) e (4) equanimidade ilimitada (*upeksha*). Todas são aspectos da mente iluminada. A prática das Quatro *Brahma-viharas* envolve a irradiação das qualidades positivas associadas a esses estados da mente, dirigindo-as primeiro para si mesmo, depois para a própria família, para a comunidade próxima e finalmente para todos os seres no universo.

Buda (sânscrito: "o desperto"): há incontáveis Budas no universo, porém quando se emprega "o Buda", usualmente se está fazendo uma referência ao Buda histórico, o Buda Shakyamuni (463-383 a.E.C.), que ensinou o Darma na Terra. Ver *Buda Shakyamuni*.

Buda Shakyamuni: (sânscrito: *shakya*, nome do clã, e *muni*, sábio: "O sábio do clã dos Shakyas"). O Buda histórico que ensinou o Darma na Terra, nascido na Índia como príncipe Sidarta Gautama. Após ter alcançado a iluminação, ele recebeu o epíteto Shakyamuni, título encontrado particularmente em fontes do Budismo Maaiana, nas quais o Buda Shakyamuni é distinguido dentre inumeráveis outros Budas mencionados nos sutras.

Budeidade: condição do ser que se transforma em um Buda por ter alcançado a suprema sabedoria do nirvana, a extinção total do sofrimento.

Budismo Chan: ver *Chan*.

Chakra (sânscrito): (1) uma roda, simbólica e frequentemente usada no budismo para representar os vários aspectos do Darma. Com oito raios conota o Caminho Óctuplo e com doze representa a doutrina da Gênese Condicionada ou os Três Giros da Roda do Darma (que no Primeiro Sermão do Buda apresenta cada uma das Quatro Nobres Verdades sob três perspectivas: como uma nobre verdade, como uma verdade para ser percebida e como uma verdade que já foi percebida), (2) na prática *anuttara-yoga-tantric* os chakras são centros de energia no corpo, localizados nos canais sutis (*nadi*).

Chan (chinês; em sânscrito: *dhyana*; em japonês, *zen;* "meditação" ou "absorção"): o nome do maior movimento ou escola do budismo chinês. Significa, literalmente, "a escola de meditação". Nela, estudos doutrinais, textuais e éticos não são o principal; ela defende o cultivo da realização direta da experiência de iluminação (*bodhi*). O termo *chan* era originalmente parte de uma palavra composta de dois caracteres, *chan-na*, que tentava reproduzir foneticamente a palavra sânscrita (*dhyana*, meditação) e, com o tempo, perdeu o segundo. As técnicas da Escola *Chan* para esse cultivo incluem o estudo de *Gongans* (*Koans*) e da "iluminação silenciosa" (chinês: *Mo-zhao chan*). O primeiro envolve a contemplação de uma história curta sobre os mestres iluminados do passado ou frases enigmáticas que empurram o praticante até os limites da racionalidade, na tentativa de irromper em uma percepção direta da realidade. O segundo é desenvolvido em oposição ao primeiro, resumindo-se a simplesmente sentar, sem nenhum conteúdo ou forma mental em particular, a fim de perceber que sua budeidade já é completa e perfeita como ela é.

Cinco agregados: ver *Skandha*.

Cinco Preceitos: os cinco preceitos morais básicos do budismo: (1) não matar; (2) não roubar; (3) não mentir; (4) não ter má conduta sexual; (5) não se entorpecer com bebidas alcoólicas ou drogas.

Cobiça, raiva e ignorância: ver *Três Venenos*.

Darma (sânscrito): palavra etimologicamente derivada da raiz *dhr* que significa conduzir, suster, manter. É um termo de vasto sentido com três principais significados: (1) refere-se à Ordem Natural ou Lei Universal que sustenta o funcionamento do Universo nas esferas física e moral; (2) denota a totalidade dos ensinamentos budistas, uma vez que estes devem descrever e explicar com exatidão a Lei Universal subjacente, de forma que os indivíduos possam viver em harmonia com ela. É nesse sentido que o termo aparece como uma das Três Joias (*Triratna*) e um dos componentes dos Três Refúgios (*Trisharana*), juntamente com o Buda e a Sanga; (3) é usado no sistema classificatório do Abidarma para se referir aos elementos singulares que coletivamente constituem o mundo empírico. Alguns desses elementos (darmas) são exteriores à pessoa que percebe, enquanto outros são processos psicológicos interiores e traços de caráter. É nesse contexto que a Escola Madhyamaka nega a realidade substancial dos darmas, alegando que todos os fenômenos são "vazios" (*shunya*) de realidade substancial.

Dasha-kushala-karmapatha (sânscrito): os "Dez Bons Caminhos de Ação" ou "Dez Boas Atitudes". É a formulação dos preceitos morais, especialmente importantes no Budismo Maaiana, que governam as ações feitas pelo corpo, fala e mente. São eles: (1) não matar; (2) não roubar; (3) não ter má conduta sexual; (4) não mentir; (5) abster-se da fala caluniosa; (6) abster-se da fala rude; (7) abster-se da conversa fútil; (8) a não cobiça; (9) a não raiva e (10) ter compreensão correta. Nas fontes maaianas, esse código moral é considerado "do mundo" (*laukika*), quando adotado pelos seres comuns no intento de evitar o renascimento em quaisquer dos miseráveis estados de existência, o que nesse caso não levaria à liberação do *samsara*. Quando, no entanto, acompanhado de meios hábeis (*upaya-kaushalya*) e de sabedoria (*prajña*) e adotado por Bodisatvas, ele é chamado de supramundano (*lokotara*), uma vez que, desse modo, ele leva à liberação.

Dez Boas Atitudes: ver *Dasha-kushala-karmapatha*.

Dhyana (sânscrito: êxtase, absorção; páli: *jhana*): um estado de profunda absorção meditativa caracterizada por lúcida consciência alcançada ao focar a mente num único objeto. Um pré-requisito para seu alcance é a eliminação dos Cinco Obstáculos ou Impedimentos (ver *nivarana*). Um esquema de Oito Estágios de *Dhyana* foi gradualmente desenvolvido sendo os quatro menos elevados ligados ao *rupa-dhatu* e os quatro mais elevados ligados ao *arupya-dhatu*. Em *dhyana*, toda a atividade sensorial é suspensa e na medida em que o meditador passa do nível menos para o mais elevado, a atividade mental torna-se progressivamente mais atenuada. Dessa forma, no primeiro *dhyana* ocorrem a conceituação (*vitarka*) e a reflexão (*vichara*), mas no segundo elas não acontecem. No quinto *dhyana* vários poderes sobrenaturais podem ser alcançados (*rddhi*). Os nomes das escolas Chan e Zen derivam ambos da palavra *dhyana*.

Fo Guang Shan (chinês: Montanha da Luz de Buda): ordem monástica fundada pelo Venerável Mestre Hsing Yün, em 1967, no condado de Kaohsiung, Taiwan.

Gênese Condicionada (sânscrito: *pratitya-samutpada*; páli: *paticca-samuppada*; inglês: *dependent origination*): É a doutrina da "criação dependente" ou da "força criadora dependente". Ensinamento budista fundamental sobre causalidade e a condição ontológica dos fenômenos. Esta doutrina ensina que todos os fenômenos surgem em dependência de causas e condições e que todos carecem de natureza intrínseca. A doutrina é expressa em sua formulação mais simples na frase em sânscrito que diz: "*idam sati ayam bhavati*" que quer dizer: "quando isto existe, aquilo surge" e pode ser resumida pela fórmula lógica: **A → B** (Quando a condição **A** existe, o efeito **B** surge), ou em sua negação: **-A → -B** (Quando a condição **A** inexiste, o efeito **B** não surge). A proposição derivada deste ensinamento é que não há nada que possa "vir a ser" por força ou vontade próprias e portanto, não há entidades ou realidades metafísicas como, por exemplo, um Deus ou uma alma (*atman*) que transcendem o nexo causal. Nesse sentido a doutrina coaduna-se com o ensinamento do "não eu" (*anatman*). Fontes antigas indicam que o Buda tornou-se iluminado sob a Árvore *Bodhi* quando percebeu a profunda verdade da Gênese Condicionada, isto é, que todos os fenômenos são condicionados (*samskrta*) surgindo e cessando em determinada sequência. Há várias formulações da doutrina nas fontes antigas, mas a mais comum ilustra as implicações soteriológicas da causalidade numa série de doze estágios ou elos (*nidana*) mostrando como o problema do sofrimento (*duhkha*) ou insatisfação existencial e a armadilha do *samsara*, surgem devido ao apego (*trshna*) e à ignorância (*avidya*). Os doze elos no processo, frequentemente representado na borda circular da Roda da Vida (*bhavachakra*), são: (1) ignorância (*avidya*); (2) ação volitiva (*samskara*); (3) consciência (*vijñana*); (4) nome/forma (matéria) (*nama-rupa*); (5) esfera dos seis sentidos (*sad-ayatana*); (6) contato (*sparsha*); (7) sensação (*vedana*); (8) anelo/desejo/ânsia (*trshna*); (9) avidez (*upadana*); (10) devir ou "vir a ser" (*bhava*); (11) nascimento (*jati*) e (12) velhice e morte (*jara-marana*). Os significados dos elos podem ser interpretados de várias formas, mas um entendimento comum é o de Buddhaghosha no qual a série de elos se estende por três vidas sendo que (1) e (2) dizem respeito à vida anterior; (3) a (7) ao condicionamento da existência presente; (8) a (10) aos frutos da vida atual; (11) e (12) referem-se à próxima vida. Várias das escolas surgidas posteriormente desenvolveram suas próprias explicações, às vezes radicais, do entendimento da doutrina. A mais importante das explicações é a da Escola Madhyamaka para a qual a Gênese Condicionada vem a ser sinônimo de vazio (*shunyata*). De acordo com Nagarjuna, a doutrina da Gênese Condicionada seria coerente apenas se os fenômenos fossem destituídos de essência própria (*svabhava*). Se desfrutassem um modo mais permanente de ser, argumentou ele, seria impossível que os fenômenos se originassem e deixassem de existir conforme é descrito da maneira que a doutrina descreve.

Hinaiana (sânscrito: *hinayana*, "pequeno veículo"): ramo ortodoxo do budismo que se espalhou principalmente pelo sul da Ásia – Sri Lanka, Tailândia, Burma, Mianmar (antiga Birmânia) e Laos. A ênfase do budismo hinaiana é colocada na iluminação individual (cuja meta é o alcance do estado de *Arhat*), diferentemente do budismo maaiana, que enfatiza o Caminho do Bodisatva de compaixão e salvação de todos os seres. Conhecido também como "budismo meridional", ou do sul, em oposição a "budismo setentrional", ou do norte, presente, na China, na Coreia, no Japão e no Tibete.

Maaiana (sânscrito, *mahayana*, "grande veículo"): ramo do budismo difundido principalmente no norte da Ásia – China, Coreia, Japão e Tibete –, que se diferencia do budismo primitivo (hinaiana) ao considerar que, embora a aspiração final seja o nirvana, este deve ser adiado para que o praticante possa exercer a compaixão e dedicar-se a ensinar aos outros o caminho da iluminação (Caminho do Bodisatva). O budismo maaiana enfatiza a compaixão, dando-lhe mais destaque do que ao ascetismo. Conhecido também como o "budismo setentrional", ou do norte, em oposição ao "budismo meridional", ou do sul, envolvendo Sri Lanka, Tailândia, Mianmar (antiga Birmânia), Laos, Burma.

Não eu: ver *Anatman*.

Natureza Búdica (sânscrito: *buddhata*, *buddhadhatu*): no pensamento do budismo dos primeiros tempos, este termo referia-se ao potencial para se tornar um Buda pelo método tradicional do estudo e prática religiosos. Discussões se centralizaram no esclarecimento de que tipos de seres teriam este potencial e como deveriam desenvolvê-lo. Com o surgimento do Budismo Maaiana, alguns pensadores começaram a questionar a validade da distinção entre prática e iluminação (*bodhi*), ou entre o potencial e a capacidade de alcançá-lo e assim, a natureza búdica, gradualmente, passou a ser vista não como potencial, mas como a budeidade inerente a todo ser senciente. Nesse cenário, o objetivo passa então a ser não o alcance da budeidade, mas o de trazê-la à tona. Por exemplo, o *Sutra do Sexto Patriarca Huineng* (*Sutra Plataforma do Tesouro do Darma do Grande Mestre, o Sexto Patriarca*) compara a budeidade à lua cheia encoberta por nuvens. Quando as nuvens são levadas pelo vento, ela é revelada. A natureza búdica não vem a ser gradualmente adquirida nem construída. Analogamente, cada ser já é um Buda, mas tal fato está obscurecido pelas máculas e impurezas. Uma vez que essas máculas e impurezas são removidas nossa natureza búdica torna-se manifesta.

Nirvana (sânscrito: "extinção", "quietude", "não surgimento"): a libertação do apego a ilusões, afetos e desejos, meta suprema da prática espiritual budista. O nirvana não é aniquilação total, morte ou supressão da consciência, mas a verdade, o mais elevado nível de consciência. É a saída do ciclo de renascimentos (*samsara*) e a entrada no incondicionado. Requer completa superação dos Três Venenos e a cessação da ação volitiva (*samskara*). Significa libertação do efeito determinante do carma. Suas marcas características são ausência de nascimento, envelhecimento, doença e morte.

Nivarana (sânscrito e páli): os cinco *nivaranas* "obstáculos/impedimentos" são vícios que perturbam a mente e obscurecem nossa visão sobre a verdade. Nas fontes páli, eles são: (1) desejo sensual; (2) ódio/aversão; (3) indolência/preguiça; (4) ansiedade/inquietação/desejo veemente e (5) ceticismo. É impossível penetrar o êxtase de *dhyana* enquanto tais osbstáculos existirem.

Prajña (sânscrito: "sabedoria"): a mais sublime forma de sabedoria; compreensão intuitiva do vazio de todos os fenômenos e da não dualidade; a mais elevada das Seis *Paramitas*. A realização da sabedoria *prajña* costuma ser equiparada à conquista da iluminação.

Pratyekabuddha (sânscrito): um Buda "individual" ou "solitário", aquele que permanece em reclusão e não ensina o Darma aos outros. Nesse sentido, o *Pratyekabuddha* difere do "Buda Perfeitamente Iluminado" ou *samyak-sambuddha*. Este último é considerado superior devido à preocupação compassiva que o motiva a ensinar o caminho da liberação aos outros. As fontes maaianas distinguem o Veículo dos *Pratyekabuddhas* (*Pratyekabuddhayana*) como um dos três diferentes caminhos de salvação. Os outros dois são: o Veículo dos Ouvintes (*Shravakayana*) seguido pelos *Arhats* e o Veículo dos Bodisatvas (*bodhisattvayana*) o qual é visto como o mais elevado. Ver *Arhat* e *Shravaka*.

Qin Shi (259-210 a.E.C.): primeiro Imperador da Dinastia *Qin*. Déspota conquistador, responsável por muitas atrocidades, tendo por outro lado construído a Grande Muralha e unificado a China. Foi ele também quem padronizou um complexo e completo sistema de governo, sob um rígido e eficiente sistema de leis.

Quatro Ilimitados Estados da Mente: ver *Brahma-vihara*.

Quatro Votos: os "Quatro Grandiosos Votos" de um Buda ou Bodisatva [Celestial]. Segundo o *Sutra Jataka Maaiana da Contemplação da Mente (Daisho T03 n0159)*, são eles: "(1) os seres sencientes são incontáveis: faço votos de liberá-los; (2) as ilusões são inesgotáveis: faço votos de erradicá-las; (3) os ensinamentos do Darma são incomensuráveis: faço votos de aprendê-los e (4) o Caminho do Buda é insuperável: faço votos de segui-lo". Os Quatro Votos são, um a um, considerados como resultantes da mais profunda compreensão das Quatro Nobres Verdades. Na Tradição Maaiana são esses os votos cultivados pelo praticante budista após tomar "Refúgio na Joia Tríplice".

Roda do Darma: ver *Chakra*.

Sabedoria Prajña: ver *Prajña*.

Seis Paramitas (sânscrito: *sad-paramita*) o termo sânscrito *paramita* significa "atravessar" ou "transpor". As Seis *Paramitas* são verdades transcendentes que embasam e guiam a prática de um bodisatva, por vezes chamadas de "Seis Perfeições": (1) a perfeição da generosidade (*dana-paramita*); (2) a perfeição da moralidade (*shila-paramita*); (3) a perfeição da paciência (*kshanti-paramita*); (4) a perfeição da diligência (*virya-paramita*); (5) a perfeição da concentração meditativa (*dhyana-paramita*) e (6) a perfeição da sabedoria (*prajña-paramita*).

Ser senciente (sânscrito: *sattva*): ser dotado de consciência, incluindo os seres dos Seis Reinos de Existência (*shad-gati*). Eles são os reinos dos seres: celestiais (*devas*); semideuses (*asuras*); humanos (*manushya*); animais (*tiryak*); fantasmas famintos (*petra*) e seres infernais (*naraka*). O Budismo Maaiana considera que a natureza búdica é inerente a todos os seres sencientes, portanto, todos estão capacitados a alcançar a iluminação.

Sete Fatores que levam à Iluminação (*Bodhi*): ver *Bodhyangas*.

Shravaka: ver *Shravakayana*.

Shravakayana (sânscrito: veículo dos "ouvintes")**:** nome dado pelo Budismo Maaiana aos primeiros discípulos que "ouviram" os ensinamentos do Buda e que pela sua prática procuravam se tornar *Arhats*. Os "ouvintes" são vistos, pelo Budismo Maaiana, como interessados apenas em sua salvação pessoal, em contraste com o caminho mais altruístico do *Bodhisattvayana*, o qual visa à liberação universal. O termo frequentemente ocorre na tripla classificação de: *Shravakas*, *Pratyekabuddhas* e Bodisatvas os quais representam os três principais tipos de aspirantes religiosos.

Shunyata: ver *Vazio*.

Skandha (sânscrito: "agregado, "amontoado"): um dos cinco componentes ou agregados que juntos constituem o indivíduo humano. De acordo com o budismo, o ser humano se constitui apenas dessas cinco categorias. Uma vez que elas não dizem respeito a uma alma eterna, diz-se que o budismo ensina uma doutrina do "não eu" (*anatman*). De acordo com essa doutrina, a crença numa alma eterna, muito comum porém falaciosa, é um caso de identidade equivocada, na qual um ou mais dos *skandhas* é tomado, erroneamente, por uma alma. Os cinco *skandhas* são: 1) forma (*rupa*); 2) sensação (*vedana*); 3) percepção (*samjña*); 4) ação volitiva (*samskara*) e 5) consciência (*vijñana*). Os cinco são conhecidos como os agregados de vinculação (*upadana-skandha*) porque, como meios para experiências prazerosas, são então objetos de desejo ou cobiça (*trshna*). Cada um dos *skandhas*, como todo fenômeno composto, carrega três marcas (*trilakshana*): a da impermanência (*anitya*), a da insatisfação/sofrimento (*duhkha*) e a do "não eu" (*anatman*). A iluminação (*bodhi*) consiste na percepção de que o indivíduo é na verdade um processo no qual os *skandhas* interagem, sem nenhuma alma ou "eu" subjacente.

Sutra (sânscrito: "linha de coser", "fio", "cordão"): aquilo que é unido por fios; por extensão, refere-se às escrituras sagradas budistas, originalmente escritas sobre folhas de palmeiras costuradas umas às outras. Um sutra é um discurso feito pelo Buda. No cânone páli esses textos estão agrupados no segundo dos três "Cestos" (*Pitaka*), isto é, coleções ou divisões dos ensinamentos, o *Pitaka Sutra*. Este, por sua vez, está dividido em cinco coleções conhecidas como *Nikayas* (*Agamas* em sânscrito), nas quais os sutras estão agrupados por ordem de extensão. Os antigos discursos são atribuídos ao Buda Histórico, o Buda Shakyamuni. A coleção canônica de sutras da Tradição Maaiana é mais extensa e inclui muitos trabalhos longos e independentes. Embora o Buda Histórico não seja claramente o autor desses trabalhos, eles são considerados, pelos seguidores do Maaiana, até mais importantes que textos antigos. Muitos, como o *Sutra Lótus* e o *Sutra Lankavatara* tornaram-se escrituras fundamentais das novas escolas de pensamento budistas. A tradição dos sutras compostos teve continuidade durante muitos séculos, no período medieval. A maioria desses trabalhos foi composta em sânscrito, sendo que muitos remanescem apenas em traduções chinesas e tibetanas. Por vezes trabalhos independentes eram amalgamados em textos mais extensos conhecidos como *sutras vaipulya*.

Sutra Avatamsaka (*Sutra da Guirlanda de Flores*): descreve os cinco estágios de crescimento pelos quais deve passar um bodisatva. Inicialmente, irá se amparar na fé e na confiança para aprender os ensinamentos do Buda. Em seguida, deverá se apoiar em sua sabedoria desperta para começar a pôr em prática esses ensinamentos no mundo em que vive. No terceiro estágio, diz o sutra, começará a praticar o Darma de forma muito mais profunda do que antes. No quarto estágio, sua compreensão do Darma é tão profunda que sua capacidade de compartilhá-lo com os demais também se aprofundará. No último estágio de crescimento, o bodisatva passa a experimentar níveis de consciência desperta com os quais, até então, só havia sonhado.

Sutra Coração: a mais altamente influente e popular escritura maaiana utilizada pelo Budismo Tibetano e do leste asiático. Seu título completo é: *Sutra Coração da Prajña Paramita* (Sutra Coração da Perfeição da Sabedoria). A escritura, de um único parágrafo, é uma síntese concisa do ensinamento da "Perfeição da Sabedoria" (*Prajña Paramita*) e descreve a verdade compreendida, em meditação, pelo Bodisatva Avalokiteshvara. Essa verdade é a de que a "forma" (um dos cinco *skandhas* que aqui representa todos os fenômenos individuais diferenciados) é vazia (*shunyata*, o transcendente e diferenciado absoluto) e vice-versa. Nesse sentido, ela afirma que o transcendente é encontrado apenas em sua manifestação no imanente e em nenhum outro lugar. Termina com um mantra para ser recitado, cujo efeito é induzir no recitador a compreensão da verdade suprema. Por sua extrema concisão, tem sido usada como uma declaração resumida da verdade maaiana e como um texto ritual e litúrgico. Uma recente pesquisa mostrou que o *Sutra Coração* é quase certamente uma composição chinesa, vertida para o sânscrito.

"Tal como é": ver *Tathata*.

Tathagata (sânscrito e páli; chinês: Zu Lai): é o epíteto que o Buda empregava com mais frequência quando se referia a si mesmo. *Tatha* quer dizer "assim" ou "tal", e "agata" significa "vir". Porém, a palavra "*gata*" significa "ir". Muitos questionam se o significado de *Tathagata* seria "assim ido (*tatha-gata*)" ou "assim vindo (*tatha-agata*)". O *Tathagata* está inteiramente presente ou ele se foi completamente? Ele é completamente imanente ou transcendente? A melhor interpretação talvez seja a de que o título *Tathagata* esteja investido de ambos os sentidos, isto é, ser compassivo e completamente imanente, porém em sintonia com todos os fenômenos e ainda plenamente atento, sendo ao mesmo tempo transcendente e dotado da transcendente sabedoria. Contudo, comentadores do páli explicam o *Tathagata* como aquele que veio para o nosso meio trazendo a mensagem da imortalidade, para a qual Ele se "foi" por meio da sua própria prática do Caminho.

Tathata (sânscrito): termo que significa "tal como é" exprimindo o modo como as coisas são na realidade. É usado especialmente no Budismo Maaiana para expressar a natureza essencial da realidade e a quididade (essência, âmago) ou verdadeira forma de ser dos fenômenos, que está além do alcance do pensamento conceitual (*vikalpa*). É um dos vários sinônimos para o "absoluto", que inclui o vazio (*shunyata*), o "é assim" (*tattva*), o limite da realidade (*bhuta-koti*) o "real tal como é" (*bhuta-tathata*). Em inglês, costuma ser traduzido como *suchness*.

Três Mundos (sânscrito: *triloka* ou *trailokya*): os três mundos ou esferas que constituem o *samsara*, no qual também se encontram os Seis Reinos de Existência (*Gati*). São eles: (1) *kamaloka* ou *kamadhatu*, esfera em que predomina o desejo sensual e que inclui os reinos de existência de *devas* [uma de suas classes], *asuras*, humanos, fantasmas famintos, animais e seres do inferno; (2) *rupaloka* ou *rupadhatu*, esfera em que não há desejos corpóreos ou da forma, embora inexista o desejo sexual e por comida, persiste a capacidade de prazer ou gozo. Nesta esfera residem os *devas* [certa classe de *brahmas*] que habitam o paraíso de *dhyana*; (3) *arupaloka* ou *arupyadhatu*, esfera em que não há forma nem corporificação [habitada por uma classe adicional de *brahmas* que tem somente consciência].

Três Treinamentos (sânscrito: *trishiksha*; páli: *tisso-sikkh*, lit. "triplo treinamento"): os três aspectos inseparáveis da prática budista são: (1) treino em disciplina moral (*adhishila-shiksha; Shila*); (2) treino da mente (*adhichitta-shiksha; Samadhi*) e (3) treino em sabedoria (*adhiprajña-shiksha; Prajña*). Essas três áreas de treinamento cobrem o conjunto dos ensinamentos budistas. Por treino em disciplina moral compreende-se a abstenção das atividades carmicamente prejudiciais. O treino da mente se dá pela meditação – concentração ou samádi; treino em sabedoria é o desenvolvimento de *prajña* por meio do *insight* acerca das verdades apontadas pelo budismo. Esses três elementos são interdependentes sendo que a cultivação de apenas um deles não leva ao objetivo buscado: a liberação (*vimukti*) do sofrimento e do renascimento no *samsara*.

Três Selos do Darma: ver *Trilakshana*.

Três Venenos (sânscrito: *akushala-mula*, raízes insalubres ou perniciosas): (1) cobiça (sânscrito: *raga*, *trshna* ou *lobha*; páli: *tanha*); (2) raiva (sânscrito: *dvesha*; páli: *dosa*) e (3) ignorância (sânscrito: *avidya*; páli: *moha*). As raízes insalubres (estados mentais indesejáveis) são geradoras de sofrimento para nós e para os outros. O *Dhamma-sangani*, o primeiro livro do Abidarma, dá alguns sinônimos para explicar as várias formas das raízes insalubres: (1) cobiça: anelo, sede, avidez, ânsia, apego, possessividade, avareza; gosto, querença, carinho, afeição, lascívia, cupidez, vida regalada, desejo pelos cinco objetos sensórios; desejos por riqueza, filhos e fama, etc.; (2) raiva: ódio, aversão, repugnância, irritabilidade, antagonismo, ressentimento, desgosto, aborrecimento, mau humor, nojo, vingança; (3) ignorância: ilusão, delusão, estupidez, embotamento, confusão, ignorância do que é essencial (As Quatro Nobres Verdades), visões errôneas, preconceito, dogmatismo ideológico, fanatismo, presunção. As três raízes insalubres também são chamadas de "Três Fogos", "Três Doenças" ou "Três Raízes Maléficas".

Trilakshana (sânscrito: "três selos"): as três características básicas de todos os fenômenos condicionados. São elas: (1) impermanência (sânscrito: *anitya*); (2) ausência de "eu" (sânscrito: *anatman*) e (3) nirvana (sânscrito: *nirvana*).

Trinta e Sete Fatores da Iluminação: ver *Bodhi-pakshika-dharma*.

Trono de Diamante: ver *Vajrasana* e *Bodhimanda*.

Vajrasana (sânscrito): *Vajrasana* ou *Bodhimanda* são termos empregados para designar o assento (o Trono de Diamante) bem como o local no qual o Buda alcançou a iluminação. *Vajrasana* designa ainda a postura ou maneira de se sentar em meditação. Ver *Bodhimanda*.

Vazio (sânscrito: *shunyata*): um conceito que principalmente, e não exclusivamente, está associado ao Budismo Maaiana. Ele tem várias nuances particulares nas diferentes escolas Maaianas. De acordo com a Madhyamaka é equivalente à Gênese Condicionada (*pratitya-samutpada*), enquanto que para a Yogachara, ele é a compreensão direta da não existência de um sujeito que percebe e do objeto percebido, dito ser o estado natural da mente. Na doutrina filosófica de *shunyatavada* ("o caminho do vazio") ele não se equipara a niilismo, uma vez que o termo é equivalente em significado a "tal como é" (*tathata*) e "suprema realidade" ou "verdade suprema" (*dharma-dhatu*), que é por vezes mencionado como "Grande Vazio" (*maha-shunyata*). É o abandono até da noção de vazio.

Vimalakirti: nome de um famoso discípulo leigo residente em Vaishali na Índia que se acredita ter sido instruído pelo Buda. É um bodisatva humano não histórico conhecido fundamentalmente como o principal protagonista de um antigo sutra chamado *Vimalakirti-nirdesha* (O ensinamento de Vimalakirti). Apesar de não ser um monge, Vimalakirti é representado como já tendo a mais alta sabedoria. Devido a sua empatia com o sofrimento dos seres e como estratégia para ensinar (*upaya*) ele finge uma doença grave. Buda sabendo disso instruiu cada um de seus discípulos, *shravakas* e bodisatvas, a ir perguntar-lhe justamente sobre a sua saúde. Todos relutavam em fazê-lo, por, anteriormente, terem se sentido humilhados diante da grande sabedoria de Vimalakirti. Somente Manjushri concordou em fazê-lo. Todos os outros o seguiram para assistir ao encontro cujo ponto alto foi uma pergunta que Vimalakirti fez a cada bodisatva: "como se entra no não dualismo?". Manjushri oferece como resposta o supremo *insight* de que todos os darmas estão além da fala, mas é superado por Vimalakirti que permanece em silêncio quando lhe é colocada a mesma questão. Nesse encontro ele também exibiu um sarcástico senso de humor, dirigido principalmente contra Shariputra, o principal representante da comunidade *shravaka*. O leigo Vimalakirti é um modelo que exerce influência nos budistas do leste asiático.

Volição: poder de escolher ou determinar; arbítrio, vontade. Também compreendida como capacidade sobre a qual se baseia a conduta consciente de se decidir por uma certa orientação ou certo tipo de conduta em função de motivações.

Xun Zi (313-238 a.E.C): importante pensador que promoveu o desenvolvimento dos princípios do confucionismo.

Zen: ver *Chan*.

Zu Lai: ver *Tathagata*.

SOBRE O AUTOR

O **Venerável Mestre Hsing Yün*** é o 48° Patriarca do budismo chinês da escola Chan (Zen). Fundador da Ordem Budista Fo Guang Shan, sediada na ilha de Taiwan (República da China). Nasceu na China continental em 22 de julho de 1927. Tornou-se monge noviço aos 12 anos e recebeu ordenação plena em 1941, prosseguindo seu treinamento monástico formal desde cedo orientado pelo voto de revitalizar o budismo e semear pelo mundo os ensinamentos do Buda.

Em 1949, quando a China continental foi envolvida na guerra civil, o Venerável Mestre Hsing Yün deixou sua terra natal e foi para Taiwan. Durante quase meio século, a força de seu voto, sua visão e seus esforços incansáveis influenciaram os estudos e as práticas budistas em Taiwan, de onde espalhou o Darma para os cinco continentes e implantou templos, universidades, colégios, bibliotecas, gráficas, galerias de arte, uma clínica médica móvel, o jornal diário *Merit Times* e a estação de televisão *Beautiful Life* como meio de aproximar as pessoas do budismo.

Além disso, empreendeu iniciativas para aproximar as diferentes escolas budistas entre si e o budismo de outras religiões, num trabalho ecumênico pioneiro e de grande repercussão mundial.

Nos Estados Unidos, o Venerável Mestre vem realizando intensos trabalhos acadêmicos em parceria com universidades da Califórnia desde meados dos anos 1970, tendo erguido nas proximidades de Los Angeles o Templo Hsi Lai, inaugurado em 1988.

Desde que deixou a função de abade de Fo Guang Shan, em 1985 – a primeira sucessão em vida de que se tem notícia na história do budismo –, tem viajado pelo mundo para propagar o Darma.

A fim de juntar forças a seu trabalho de divulgação do budismo, fundou em 1990 a Associação Internacional Luz de Buda (Blia, na sigla em inglês) em Taiwan. Em 1992, a sede mundial da Blia foi inaugurada nos Estados Unidos. Desde então, mais de cem divisões internacionais desse organismo foram estabelecidas, inclusive no Brasil, onde o Budismo Humanista do Venerável Mestre Hsing Yün também se faz presente. Em 2003, ele esteve em São Paulo para inaugurar a nova edificação do Templo Zu Lai em Cotia, edificação que veio coroar anos de trabalho e dar início a uma fase de intensas atividades religiosas, educacionais, culturais e sociais.

* Para saber mais sobre o Venerável Mestre, consultar *Espalhando a luz, uma vida dedicada ao Darma*, biografia do Venerável Mestre escrita pela jornalista e editora chinesa Fu Chi-Ying, e *Nuvem de Estrelas, uma vida dedicada ao budismo*, adaptação da biografia para história em quadrinhos, com roteiro e ilustrações de Zheng Wen.

Obras do venerável mestre Hsing Yün em português

Livros

- *Budismo significados profundos*
- *Budismo conceitos fundamentais*
- *Budismo puro e simples*
- *Purificando a mente, a meditação no budismo chinês*
- *Cultivando o bem, uma perspectiva budista para o cotidiano*
- *O valor da verdade*
- *Receita para o coração*
- *Sutra do Buda da Medicina, com introdução, preces, comentários e o ensaio "Budismo, medicina e saúde"*
- *Contos Chan, comentados pelo Venerável Mestre Hsing Yün, vols. I e II*

Livretos

- *O que é budismo?*
- *A essência do budismo*
- *Características singulares do budismo*
- *A perspectiva budista sobre causa e condição*
- *A roda do renascimento*
- *A essência do Chan*
- *Conceitos fundamentais do budismo humanista*
- *Budismo, medicina e saúde*
- *Quando morremos*
- *A perspectiva budista sobre magia e sobrenatural*

PRINCIPAIS TEMPLOS FO GUANG SHAN
NOS CINCO CONTINENTES

AMÉRICA DO SUL

Templo Zu Lai
Estrada Municipal Fernando Nobre, 1.461
06705-490 – Cotia – SP – Brasil
Tel: (55 11) 4612-2895 I Fax: (55 11) 4702-5230
zulai@templozulai.org.br I www.templozulai.org.br

Centro de Meditação Fo Guang Shan (Liberdade)
Rua São Joaquim, 460, Cobertura
01508-000 – São Paulo – SP – Brasil
Tel: (55 11) 3207-0662 I Fax: (55 11) 3209-8990
centrofgs@templozulai.org.br I www.templozulai.org.br

IBPS Rio de Janeiro
Rua Itabaiana, 235 – Grajaú – Brasil
Tel/ Fax: (55 21) 2520-9058
20561-050 – Rio de Janeiro – RJ
zulai@templozulai.org.br I www.templozulai.org.br

Templo Fo Guang Shan – Olinda
Av. Ministro Marcos Freire, 2095
53130-540 – Casa Caiada – Olinda – PE – Brasil
Tel: (55 81) 3432-0023 I Fax: (55 81) 3431-4905
templofgsolinda@gmail.com

IBPS Argentina
Av. Cramer, 1.733
1426 Buenos Aires – Argentina
Tel: (54 1) 4786-9969 I Fax: (54 1) 4788-6351
fgsargentina@hotmail.com I www.ibpsargentina.org.ar

IBPS Chile
Santa Amélia Parcela, 8
Casilla 435
Tel: (56 2) 817-2024 I Fax: (56 2) 817-3838
Talagante – Santiago – Chile
ibpschile@fgs.org.tw I www.templobudista-fgs.cl

IBPS Asunción
Av. Perón, 3.671
Lambaré – Asunción – Paraguay
Tel: (595 21) 903-821 I Fax: (595 21) 907-941
ibpsasupy@yahoo.com.tw I ibpsasupy@hotmail.com

IBPS Paraguay
Av. Adrian Jara, 626, piso 5 – Centro Shopping Internacional
Tel: (595 61) 500-952 / 511-573 I Fax: (595 61) 510-269
Ciudad del Leste – Paraguay
ibpsdepy@yahoo.com.tw I ibpsdepy@hotmail.com

AMÉRICA CENTRAL

IBPS Costa Rica
773-1200 Pavas
San José – Costa Rica
Tel: (506) 2231-4200 / 2290-2635 I Fax: (506) 2290-1584
fgsamcr5e@mail.fgs.org.tw

AMÉRICA DO NORTE

Hsi Lai Temple, Los Angeles (EUA)
3456 S. Glenmark Drive
Hacienda Heights – California – 91745 – USA
Tel: (1 626) 961-9697 I Fax: (1 626) 369-1944
info@hsilai.org I www.hsilai.org

IBPS Vancouver
6680-8181 Cambie Road
Richmond – British Columbia V6X 3X9 – Canadá
Tel: (1 604) 273-0369 I Fax: (1 604) 273-0256
vanibps@telus.net I www.vanibps.org

ÁFRICA   Nan Hua Temple (IBASA)
27 Nan Hua Rd Cultura Park – BHS 1020 – South Africa
Tel: (27 13) 931-0009 I Fax: (27 13) 931-0013
info@nanhua.co.za I www.nanhua.co.za

ÁSIA   Fo Guang Shan (Monastério Central)
Dashu, Kaohsiung 840
Taiwan – Republic of China
Tel: (886 7) 656-1921 - 8 I Fax: (886 7) 656-2516
webmaster@mail.fgs.org.tw I www.fgs.org.tw

EUROPA   IBPS Paris
105 Blvd De Stalingrad
94400 Vitry Sur Seine – France
Tel: (33 1) 4671-9980 I Fax: (33 1) 4672-0001
info@ibps.fr I www.ibps.fr

OCEANIA   Nan Tien Temple (IBAA)
Berkeley Road, Berkeley,
NSW 2506 – Australia
Tel: (61 2) 4272-0600 I Fax: (61 2) 4272-0601
P O Box 1336 Unanderra
nantien@fgs.org.au I www.nantien.org.au

Para mais informações o leitor poderá consultar o site
http://www.fgs.org.tw/english/index.html

GHATA DA DEDICAÇÃO DE MÉRITOS

*Que a generosidade, a compaixão,
a alegria e a equanimidade
permeiem todo o Universo.*

*Que todos os seres sencientes
valorizem os méritos, criem vínculos
e beneficiem os Céus e a Terra.*

*Pratiquemos o Chan e o Terra Pura,
sigamos os preceitos,
aceitemos tudo com equidade e tolerância.*

*Façamos os Grandes Votos
com espírito de arrependimento e gratidão.*

Impresso em São Paulo, SP, em novembro de 2013,
em papel chamois fine 120 g/m², nas oficinas da Graphium.

Composto em Frutiger Light, corpo 9,25 pt.
Tiragem: 2.500 exemplares

Não encontrando esta obra nas livrarias,
solicite-a diretamente à editora.

Escrituras Editora e Distribuidora de Livros Ltda.
Rua Maestro Callia, 123 – Vila Mariana
São Paulo, SP – 04012-100
Tel.: (11) 5904-4499/Fax: (11) 5904-4495
escrituras@escrituras.com.br
vendas@escrituras.com.br
imprensa@escrituras.com.br
www.escrituras.com.br